AF346713

AUBÉ, FERRY, NATHAN

Courtiers assermentés près le Tribunal de Commerce de la Seine

67, Rue Ste-Anne, 67

VENTE JUDICIAIRE

AUX ENCHÈRES PUBLIQUES

En vertu de la loi du 23 mai 1863 et du décret du 29 août 1863

172 LOTS

BRONZES D'ART

ET D'AMEUBLEMENT

EXPOSITION	VENTE
Lundi 19, Mardi 20	Jeudi 22 Février 1883
Mercredi 21 Février 1883	& LE LENDEMAIN S'IL Y A LIEU
DE 10 HEURES A 4 HEURES	A 2 HEURES ET DEMIE

A la Salle des Ventes publiques

DE L'ENTREPOT DU CHATEAU-D'EAU

1, Avenue de la République (Place du Château-d'Eau

CLAUSES ET CONDITIONS DE LA VENTE

1. Ces marchandises seront vendues au plus offrant et dernier enchérisseur, livrables dans les magasins où elles se trouvent, visibles trois jours avant la vente ; aussi les acquéreurs ne pourront-ils prétendre à aucune réclamation pour quelque cause que ce soit.

2. Les enchères et le lotissement seront fixés au moment de la vente.

3. L'adjudicataire paiera comptant, sans escompte, en prenant livraison, le principal ainsi que les frais réglés à 1 fr. 15 c. par 100 fr., soit 15 cent. pour droits d'enregistrement et 1 fr. pour courtage.

4. Faute par l'adjudicataire de prendre livraison dans les **3** jours de la vente, la marchandise sera revendue à sa folle enchère, à ses risques et périls, trois jours après la sommation qui lui aura été faite de recevoir et sans qu'il soit besoin de jugement.

5. Les frais de magasinage sont dus à partir du troisième jour de la vente.

Paris, le 13 février 1883.

AUBÉ, FERRY, NATHAN

Courtiers de Marchandises.
Assermentés au Tribunal de Commerce de la Seine.

67, rue Sainte-Anne.

CATALOGUE

GROUPES, STATUES, BUSTES, ANIMAUX

Numéros

1 Un magnifique GROUPE Enfants aux Fleurs, par Auguste Moreau, en bronze doré au mercure, monté en pendule avec mouvement, cadran émail tournant, pièce absolument remarquable, faite pour l'Exposition de 1878.

2 Une STATUE Mars, par Moreau, bronze d'art frotté or sur marbre.

3 Une STATUE Frileuse, par Daniel Dupuis, bronze d'art.

4 Une STATUE Esméralda, par Germain, bronze d'art,

5 Une STATUE le Réveil, par Van de Vin, bronze d'art,

6 Un GROUPE Alexandre assis, par Moreau, bronze d'art sur marbre.

7 Un GROUPE Enfants au tambour, par Amy, bronze d'art.

8 Une STATUETTE Amphitrite, par Auguste Moreau, bronze d'art.

9 Une STATUETTE équestre Louis XIV.

10 Une STATUE Bossuet.

11 Un GROUPE Homère assis.

12 Une grande STATUETTE Départ pour Cythère, par Daniel Dupuis.

13 Une paire STATUETTES Chasseurs Louis XIII et Louis XV.

14 Une paire STATUETTES Archers bronze nickelé.

Numéros

15   Une paire STATUETTES, hallebardiers bronze nickelé et poli.

16   Une STATUE don Salluste, bronze d'art.

17   Une STATUE Ruy Blas, bronze d'art.

18   Une STATUE Fra Diavolo, bronze d'art.

19   STATUETTE équestre, le Spahis.

20   STATUETTE équestre, Arabe.

21   Paire STATUETTES, Faune et Bacchante.

22   Paire STATUETTES, Faune et Bacchante.

23   Paire BUSTES, Jean-Jacques Rousseau et Voltaire.

24   Paire STATUES, Femmes Renaissance.

25   Paire STATUETTES, Rolando et Gil Blas.

26   Une STATUETTE musique, par Feuchère.

27   Une paire ENFANTS Falconnet, sur marbre.

28   Un CHEVAL, Sylvio, grand modèle.

29   Un CHEVAL, Sylvio, petit modèle.

30   Un GROUPE, Lion au repos

31   Un GROUPE, Lionne et Lionceaux.

32   Un GROUPE, Chacal dévorant un Knou.

33   Un GROUPE, Lion dévorant un Dromadaire.

34   LION DORMANT, par Canova.

BRONZES DE BUREAU & PETITS BRONZES

Numéros

40   Un ENCRIER Louis XIV, à galerie, bronze poli.

41   Un ENCRIER Louis XIV, à galerie, bronze doré.

42   Un ENCRIER simple, plateau long, poli.

43   Un ENCRIER Louis XIV, riche, deux bougies, poli.

44   Une PAPETERIE Louis XIV, riche, poli.

45   Un BUVARD Louis XIV, riche, poli.

46   Un ENCRIER Louis XIV, à pendule, poli.

47   Un ENCRIER Louis XIV, à pendule, poli.

48   Un ENCRIER Louis XIV, à pendule, poli.

49   Un ENCRIER Louis XIV, à galerie, poli.

50   Un ENCRIER Louis XIV, à deux bougies.

51   Un BOUGEOIR Louis XIV, riche.

52   Un ENCRIER à vase,

53   Un ENCRIER Renaissance, à vase.

54   Un ENCRIER rond, Louis XIV, à plateau.

55   Une PAPETERIE simple, vieux poli.

56   Un CACHEPOT Louis XIV, riche, bronze découpé.

57   Un CHRIST.

58   Un ENCRIER Renaissance, à vase.

CARTELS

Numéros

60   Un CARTEL Louis XVI, têtes de bélier.

61   Un CARTEL, carré à rubans.

62   Un grand CARTEL Louis XV, avec cul de lampe, dit Garde-à-Vous, reproduction de l'ancien.

63   Un CARTEL Louis XV, simple bronze poli.

CHENÊTS & GARNITURES DE FOYERS

64   Un ÉVENTAIL replié, bronze verni d'or nº 1.

65   Un ÉVENTAIL replié, bronze verni d'or nº 2.

66   Un ÉVENTAIL replié, bronze verni d'or nº 3.

67   Un grand ÉCRAN Louis XIV, bronze poli ciselé.

68   Deux PAR-ÉTINCELLES. feuilles carrées repliées, bronzés.

69   Paire CHENETS Léopards, style Louis XIV.

70   Paire CHENETS Louis XIV, à palmettes.

71   Paire CHENETS Louis XV, Vénus et Vulcain.

72   Paire CHENETS Louis XVI, à vase.

73   Paire de grands CHENETS Renaissance, à Chimères.

74   Paire petits CHENETS Louis XVI, à vase.

POTICHES, CLOISONNÉS, LAMPES, JARDINIÈRES

Numéros

75 Six POTICHES appairées, à quatre faces, porcelaine Chine, fonds rouges et verts.

76 Quatre BOULES en cloisonné de Chine, sur cuivre.

77 Quatre POTICHES en porcelaine de Chine, forme ronde, fonds verts et rouges.

79 Deux grandes paires POTICHES porcelaine Chinoise émaillée.

80 Une paire VASES en barbotine, dessins marines, montés en bronze doré.

81 Une paire TUBES porcelaine Chine, fonds noirs, dessins roseaux disposés en lampes et montés en bronze doré.

82 Une paire belles LAMPES porcelaine de Chine et bronze doré.

83 Une paire belles LAMPES émaillées, craquelées.

84 Une paire POTICHES craquelées, dessins bleu, montées en bronze doré.

85 Une paire grandes LAMPES porcelaine de Chine laquée.

86 Une paire LAMPES, tubes laqués, sur cuivre.

87 Une paire LAMPES montées en bronze doré.

88 Une paire LAMPES, bois bambou et application de cuivre ciselé.

89 Une paire TUBES barbottine, forme ovale, montés en bronze fumé.

90 Une paire de POTICHES remarquables en cloisonné japonais, sur cuivre lamé or et argent, dessins oiseaux.

91 Un PLAT cloisonné, sur cuivre, remarquables dessins oiseaux (en étui).

92 Un grand PLAT cloisonné japonais, sur cuivre, monté en guéridon, dessins à personnages.

93 Une paire de LAMPES porcelaine Chine, fonds gris perle, dessins de fleurs.

94 Une paire LAMPES, tubes porcelaine, fonds bleus, genre cloisonné.

95 Une paire de belles POTICHES de Chine ancien, à quatre faces, nuance bleu Méditerranée, montées en bronze doré.

96 Une COUPE porte-carte, en cloisonné sur cuivre et bronze fumé, frotté.

97 Une paire POTICHES craquelées, montées en bronze doré, avec bouquet de cinq lumières.

98 Un lot de FLAMBEAUX, brule-parfums et vases en bronze chinois.

99 Une paire VASES porcelaine cloisonnée chinoise, fonds bleus, montés en bronze.

100 Une paire BOMBONNIÈRES en cloisonné chinois sur cuivre.

GARNITURES DE CHEMINÉE

PENDULES, CANDÉLABRES, FLAMBEAUX, BOUTS DE TABLE

101 Une grande GARNITURE DE CHEMINÉE, dite Minerve, pendule candélabres et flambeaux à sept lumières, de style Louis XIV, en bronze poli.

102 Une GARNITURE ruines, pendule et flambeaux en bronze poli.

Numéros

103   Une GARNITURE ruines, pendule et flambeaux en bronze argenté.

104   Une PENDULE Renaissance, à gaines bronze doré et marbre rouge.

105   GARNITURE Renaissance, à dôme, pendule et candélabres bronze
      doré et émaux de Limoges sur bronze.

106   GARNITURE Diane de Gabies, pendule et candélabres bronze argenté,
      sur marbre noir.

107   GARNITURE musique, pendule et candélabres bronze argenté, sur
      marbre griotte.

108   PENDULE Louis XIV, à syrènes et bouts de table, deux lumières,
      bronze poli.

109   PENDULE Renaissance, à gaines et flambeaux.

110   PENDULE Renaissance, à chimères et flambeaux

111   GARNITURE Renaissance, à syrènes, pendule et candélabres.

112   GARNITURE, méditation bronze et marbre, pendule et candélabres

113   GARNITURE Alexandre, à vase, pendule et candélabres.

114   GARNITURE Rambouillet, marbre et bronze.

115   PENDULE histoire et géographie et paire de Coupes bronze d'art.

116   GARNITURE Minerve n° 3, pendule, flambeaux et bouts de table
      bronze doré.

117   PENDULE et BOUTS DE TABLE Minerve n° 3, bronze poli.

118   Paire BOUTS DE TABLE Minerve n° 1, bronze poli.

119   PENDULE Trianon, avec enfants et flambeaux, Louis XVI, bronze
      doré.

120   PENDULE gouttière n° 3, et flambeaux polis.

Numéros

121 GARNITURE Louis XIV, à dragons, pendule et candélabres, bronze doré.

122 GARNITURE Louis XV, dite Garde-à-Vous, n° 2, pendule et candélabres bronze doré au mercure.

123 Paire BOUTS DE TABLE Louis XIII, polis.

124 GARNITURE Louis XIV, à dauphins n° 2, pendule et candélabres polis.

125 Paire BOUTS DE TABLE, Minerve à griffes.

126 PENDULE histoire et géographie, avec deux mouvements de pendule et baromètre.

127 GARNITURE Renaissance, à syrènes, pendule et candélabres.

128 PENDULE Louis XVI, Trianon, trois enfants.

129 Paire COUPES, à cygognes.

130 Paire FLAMBEAUX, balustres carrés, dorés.

131 PENDULE Louis XVI, à vase poli.

132 Paire CANDÉLABRES empire, femmes ailées.

133 PENDULE l'Inspiration.

134 Paire GIRANDOLES Louis XIV, 3 lumières, polies.

135 Paire FLAMBEAUX Louis XVI, Enfants porteurs.

136 PENDULE l'Amour conteur, bronze sur marbre. — Paire CANDÉLABRES d'accompagnement.

137 PENDULE, la Réflexion.

138 PENDULE, la Lecture.

139 PENDULE Enfant Bacchus.

Numéros

140   Paire FLAMBEAUX nickelés.

141   Paire FLAMBEAUX polis.

142   PENDULE ovale, n° 1, bronze doré.

143   PENDULE ovale, n° 2, bronze doré.

144   PENDULE Louis XVI à console, bronze doré.

145   Paire BRULE-PARFUMS Louis XVI, bronze doré.

146   GARNITURE Louis XVI, à Vase et Candélabre Trianon, polis.

147   GARNITURE Minerve n° 2, Pendule et Candélabres, bronze doré.

148   GARNITURE Louis XIV, Minerve n° 2, Pendule et Candélabres, bronze doré.

149   GARNITURE Femme antique, Pendule et Candélabres, bronze d'art

150   GARNITURE Louis XV, Flambeau de l'Amour, Pendule et Bouts de table polis.

151   PENDULE Chasse, bronze noir et doré.

152   Paire GIRADOLES Louis XIV, 5 lumières, bronze poli.

153   Une paire belles LAMPES Louis XIV, Cache-pots bronze nickelé et doré

154   Quatre paires LAMPES hautes en cuivre repoussé, ciselé, poli.

LUSTRES, SUSPENSIONS, BRAS, APPLIQUES

Numéros

155   LUSTRE Louis XIV, 12 lumières, bronze doré.

156   LUSTRE Louis XVI, 10 lumières, bronze doré.

157   LUSTRE Louis XIV, 24 lumières à gaz, bronze poli.

158   LUSTRE Louis XIV, 28 lumières. bronze poli.

159   SUSPENSION contre-poids supérieur, 6 lumières et une lampe.

160   SUSPENSION Louis XIV, doubles rinceaux, 1 lampe et 9 bougies à
      gaz, bronze nickelé.

161   Un LUSTRE hollandais, 12 lumières, poli.

162   Un LUSTRE Louis XVI, 9 lumières, doré.

163   Un LUSTRE Louis XVI, 8 lumières, poli.

164   Une paire BRAS-APPLIQUE Louis XIV, Diane, à 3 lumières, polis.

165   Une paire APPLIQUES, Femmes syrènes.

166   Une paire APPLIQUES, Faune et Naïade.

167   Une SUSPENSION jardinière, 1 lampe et 9 lumières, dite à balustres.

168   Un LUSTRE bronze et cristaux, 18 lumières.

169   Une SUSPENSION, 1 lampe et 6 lumières, dite à balustres simple.

TORCHÈRES

Numéros

170   Une grande TORCHÈRE Louis XVI, l'Été, par Feuchère, bronze
d'art et doré sur marbre griotte.

171   Une TORCHÈRE Louis XIV, riche à Chimères, bronze poli.

172   Une TORCHÈRE Louis XIV, à Têtes de Femmes.

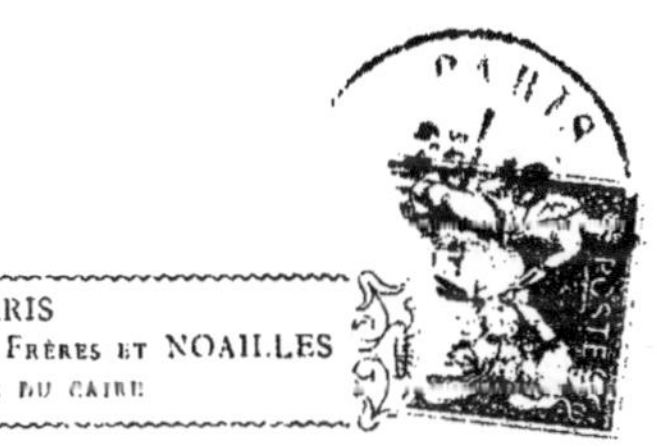

PARIS
Imprimerie SERINGE Frères et NOAILLES
3, PLACE DU CAIRE